Literatur-Kartei
zum Kinderbuch
von Cornelia Funke

„Hinter verzauberten Fenstern"

Wir bedanken uns herzlich beim © Fischer Taschenbuch Verlag
und bei der Autorin des Buches „Hinter verzauberten Fenstern"
Cornelia Funke für die gute Zusammenarbeit.

Impressum

Titel:	Literatur-Kartei: „Hinter verzauberten Fenstern"
	zum Kinderbuch von Cornelia Funke
Autorin:	Sandra Molls
Illustrationen:	Eva Spanjardt u.a.
Titelbildgestaltung:	unter Verwendung vom Originalbuch, Cornelia Funke
	© Fischer Taschenbuch Verlag 1995
Druck:	Druckerei Uwe Nolte, Iserlohn
Verlag:	Verlag an der Ruhr
	Alexanderstraße 54 – 45472 Mülheim an der Ruhr
	Postfach 10 22 51 – 45422 Mülheim an der Ruhr
	Tel.: 02 08/439 54 50 – Fax: 02 08/439 54 39
	E-Mail: info@verlagruhr.de
	www.verlagruhr.de

© **Verlag an der Ruhr 2005**
ISBN 3-8346-0000-8

geeignet für die Klasse

Ein weiterer Beitrag zum Umweltschutz:

*Das Papier, auf das dieser Titel gedruckt ist, hat ca. **50% Altpapieranteil**, der Rest sind **chlorfrei** gebleichte Primärfasern.*

Die Schreibweise der Texte folgt der reformierten Rechtschreibung.

 Alle Vervielfältigungsrechte außerhalb der durch die Gesetzgebung eng gesteckten Grenzen (z.B. für das Fotokopieren) liegen beim Verlag. Der Verlag untersagt ausdrücklich das Speichern und Zur-Verfügung-Stellen dieses Buches oder einzelner Teile davon im Intranet, Internet oder sonstigen elektronischen Medien. Kein Verleih.

Inhaltsverzeichnis

Vorwort 5
Arbeits-Pass 7

Teil 1: Literatur-Kartei

Das Zeilometer 8
Deine verzauberte Fenstermappe 9

1. Der falsche Kalender
Zwei Stufen auf einmal 10
Schon zu groß? 10
Um den Finger gewickelt 11
Kühl dich ab! 11
Typisch Mutter!? 12

2. Das erste Fenster
Ein bisschen neugierig 12
Mitternachtsrechnen 13
Hereingelegt!? 13

3. Der verschwundene Mantel
Gefährlich? 14
Das Geheimnis des Kalenders 14

4. Jakobus Jammernich
Ausflug in andere Welten 15
Wundervoller Name! 15
Auf unserer Welt 16
Endlich!? 17
Liebes Tagebuch, … 17

5. Ein abenteuerlicher Ausflug
Ungerecht? 18
Bloß nicht lachen! 18

6. Der alte König
Leo 19
Ein richtiger Prinz 19

7. Von Harry dem Hässlichen und Leo dem Lügner
Tapetenwechsel 20
Vernünftig oder feige? 20

8. Das Fest der Elfen
Elfenfest 21
Ist er nicht wunderbar? 22
Es gibt viel zu erzählen… 22

9. Nichts als Ärger
1, 2 oder 3? 23
Zum Kaputtlachen 23

10. Der unheimliche Besucher
Leere Warnung? 24
Unverschämtheit! 24
Unsichtbare Botschaften 25

11. Die Entführung
Langeweile? 26
Blinde Kuh und Co. 26

12. Das verlorene Geheimnis
Guter König – schlechter König 27
Pantomime 27

13. Der Aufbruch
So eine Gemeinheit! 28
Na warte! 28

Inhaltsverzeichnis

14. Die Schokoladenburg
- Eine gute Idee!? 29
- Was für ein Plan! 29
- Lecker, lecker 30
- S wie Schokolade 30

15. König Harry der Hässliche
- Strafe muss sein! 31
- Königliche Pläne 31

16. Die Rückkehr
- Hatschi! 32
- Mein „Held" 33
- Liebe Frau Funke, … 33

Teil 2: Advents-Kartei

- Mit Schokolade natürlich! 34
- Achtung, Anlaut! 34
- Erinnerst du dich? 35
- Vergleichsweise 36
- Wir feiern den Advent! 37
- Wünsche 38/39
- … auch nicht ein Achtel 40
- Der Bratapfel 41
- Die Autorin stellt sich vor 42
- Weißt du eigentlich, … 43
- Wie ist der Adventskalender entstanden? ... 44
- Advents-Quiz 45
- Der Weihnachtsbaum 46/47
- Plätzchen verschenken 48
- Der Barbaratag 49
- Das Luciafest 50
- Herbergssuche 51
- Vorsicht, Kuss! 52
- Stille Zeit? 53
- Verzauberte Pflanzen 54
- Adventsrätsel 55
- Zeit-Rechnen 56
- Kalender-Rechnen 57
- Advents-Rechnen 58
- Heinzelmann-Kette 59/60
- Lösungen 61

Literatur und Internet 62

Vorwort

„Rettet den Advent!"

Dieses Motto steht nicht nur über dem beliebten Kinderbuch „Hinter verzauberten Fenstern" von Cornelia Funke, sondern spricht auch vielen Lehrern* aus dem Herzen. Der Advent könnte eine stimmungsvolle, besinnliche Zeit sein. Doch leider reichen gemütliches Kerzenlicht, duftendes Tannengrün oder gemeinsames Plätzchenbacken heute nicht mehr aus, um die Hektik der Vorweihnachtszeit und das zunehmende Konsumdenken unter den Kindern aus der Schule zu verbannen. Wo ist der besondere „Zauber" des Advents geblieben? Was ist mit der Fantasie geschehen?

Statt mit erhobenem Zeigefinger an die Bedeutung des Advents zu erinnern, gibt Cornelia Funke in ihrem Buch überraschende und äußerst fantasievolle Antworten auf diese Fragen. Die Leser werden dazu eingeladen, zusammen mit der Hauptperson Julia und ihren Freunden die Fantasie zu retten und dabei spannende Abenteuer zu erleben.

Inhalt des Buches

Grundlage für die Arbeit mit der Literatur-Kartei ist die Taschenbuchausgabe von „Hinter verzauberten Fenstern" von Cornelia Funke, erschienen im Fischer Taschenbuch Verlag, 12. Auflage, 2003. Wie die meisten Kinder hat Julia genaue Vorstellungen darüber, was sie sich wünscht – und ist enttäuscht und wütend, als ihr Wunsch nicht erfüllt wird. Diese Enttäuschung und ihre Eifersucht auf ihren jüngeren Bruder bieten den Kindern eine gute Möglichkeit, sich gleich zu Anfang mit Julia zu identifizieren. Obwohl sie in eine zauberhafte Welt gerät und auf Kobolde, Riesen, fliegende Elfen und unsichtbare Fieslinge trifft, bleibt sie ein „normales" Mädchen, das keine Zauberkraft benötigt, sondern deren Mut und Teamgeist gefragt sind. Die sympathischen Buchhelden und der fesselnde Verlauf der Geschichte sorgen selbst bei „Lesemuffeln" für Lesemotivation und Lesespaß.

Tipps zum Umgang mit der Kartei

Einsetzbar ist die Kartei vor allem in den Klassen 3 und 4. Die Kombination aus Literatur-Kartei und Advents-Kartei ermöglicht einen besonders breit gefächerten und auf die individuellen Interessen und Bedürfnisse der jeweiligen Klasse abstimmbaren Einsatz im Unterricht. Der erste Teil der Mappe besteht aus Angeboten, die sich auf den Inhalt des Buches beziehen. Die Lösung der Aufgaben erfordert daher eine genaue Kenntnis der Ganzschrift und setzt deren Lektüre voraus.

Die kreative Auseinandersetzung mit dem Buch durch lesebegleitende und Text erschließende Arbeitsblätter zu jedem Kapitel (jeweils durch Kapitelnummern gekennzeichnet) kann durch die vielfältigen Anregungen durch den zweiten Teil, die Adventskartei, ergänzt werden. Diese lädt mit Bastelvorschlägen, Rezepten, Sachinformationen, Angeboten zu produktivem Handeln, Adventsrechnen, Gedichten, Spielen u.v.m. zu einem lebendigen und besinnlichen Feiern des Advents ein. Außerdem zeigt die Bearbeitung der Materialien den Schülern und Lehrern, ob der Inhalt verstanden und behalten wurde. Ein Großteil der Angebote kann in der individuell gestalteten „Verzauberten Fenstermappe" bearbeitet werden (siehe S. 9). So halten die Kinder nicht nur ein sichtbares Produkt ihrer Arbeit in den Händen, sondern auch eine Erinnerung an die Adventszeit zu Grundschulzeiten. Die Karteikarten im ersten Teil haben überwiegend handliches DIN-A5-Format.

Durch die Bearbeitung in der verzauberten Fenstermappe müssen die meisten Angebote nicht kopiert werden. Die Aufgaben zum ersten Teil sind den verschiedenen Kapiteln im Buch zugeordnet und vereinfachen so die Orientierung am Verlauf der Geschichte. Der Arbeits-Pass hilft, einen Überblick über die erledigten Aufgaben zu behalten (siehe S. 7). Sie oder die Kinder selbst können hier eintragen, welche Aufgaben bearbeitet worden sind. Um Internetrecherchen durchzuführen, auf die in einigen Angeboten hingewiesen wird, sollten die Kinder Zugang zum Internet haben.

---

* Aus Gründen der besseren Lesbarkeit haben wir in diesem Buch durchgehend die männliche Form verwendet. Natürlich sind damit auch immer Frauen und Mädchen gemeint, also Lehrerinnen, Schülerinnen etc.

Vorwort

Hinweise zu den Angeboten

Auf unserer Welt (S. 16)
Eine Weltkarte im Klassenraum hilft den Schülern bei der Bearbeitung dieser Aufgabe und zur anschließenden Kontrolle.

Ungerecht? (S. 18)
Legen Sie Tageszeitungen (vor allem mit Politik-Teil) bereit, so dass die Schüler die Aufgabe direkt bearbeiten können.

Unsichtbare Botschaften (S. 25)
Legen Sie die genannten Materialien möglichst im Klassenraum bereit und beobachten Sie die Versuche aufmerksam.

Liebe Frau Funke, ... (S. 33)
Legen Sie Briefumschläge und evtl. Briefmarken bereit, so dass die Schüler den Brief vor Ort fertig stellen können.

Der Bratapfel (S. 41)
Das Rezept kann gemeinsam in der Schule oder zu Hause ausprobiert werden.

Der Barbaratag (S. 49)
Man kann die Schüler bitten, Obstbaumzweige rechtzeitig mit in die Schule zu bringen, um so das Blühen vor Weihnachten gemeinsam zu beobachten.

Verzauberte Pflanzen (S. 54)
Sie können die Rose von Jericho mit in den Unterricht bringen (oder von einem Kind mitbringen lassen) und die Entfaltung der Rose so gemeinsam beobachten. Sie bekommen die Pflanze z.B. im Internet, in religiösen Buchhandlungen oder in esoterischen Läden.

Heinzelmann-Kette (S. 59)
Besorgen Sie im Vorfeld die benötigten, aufgeführten Materialien für die Heinzelmann-Kette.

Arbeits-Pass für: _____

Angebot	angefangen	erledigt	kontrolliert

Literatur-Kartei: „Hinter verzauberten Fenstern"

Das Zeilometer

Damit du nicht vergisst, bis zu welcher Seite du schon gelesen hast, hilft dir ein Lesezeichen. Wenn ihr über das Buch sprecht oder bestimmte Aufgaben erfüllen müsst, kann es außerdem sinnvoll sein, dass ihr nicht nur die Seite, sondern auch die entsprechende Zeile angebt. Mit dem **Zeilometer** findest du die bestimmte Stelle im Text besser.

 Bastle dir dein eigenes Zeilometer nach der Anleitung.

Das brauchst du:
- ein Stück Pappe (17 cm x 5 cm)
- Kleber
- eine Schere
- einen Locher
- eine Kordel oder einen Faden
- Stifte

So geht's:
1. Schneide die Vorlage aus und klebe sie auf die Pappe.
2. Loche das Zeilometer an einer der oberen Ecken und ziehe den Faden durch das Loch.
3. Male eine Szene aus dem Buch oder ein Motiv, das zum Advent passt, auf das Zeilometer.
4. Übt in Partnerarbeit das genaue „Zeilen-Finden", z.B.: Welches Wort kommt auf Seite 59, Zeile 4 doppelt vor?

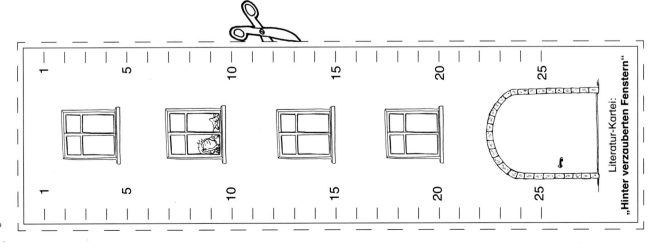

Deine verzauberte Fenstermappe

Während du das Buch „Hinter verzauberten Fenstern" liest, werden sich viele Blätter ansammeln, auf denen du Fragen beantwortest, eigene Texte schreibst, Rätsel löst und viele andere Aufgaben erledigst.

 **Damit nichts davon verloren geht, legst du eine Mappe an, in die du alle Blätter einheften kannst.
Du kannst das Titelbild deiner Mappe passend zum Buch gestalten.**

Das brauchst du:
- einen Schnellhefter mit durchsichtigem Deckel
- rote Pappe

So geht's:

1. Bastle dir aus der roten Pappe einen Fensterrahmen. Teile dazu das Fenster in vier Abschnitte, so dass es wie das Fenster auf dem Buchdeckel aussieht – aber natürlich kannst du auch ein ganz anderes Fenster entwerfen.
2. Klebe den Fensterrahmen auf den durchsichtigen Deckel des Schnellhefters.
3. Auf die erste Seite deiner Mappe kannst du dann malen, was man beim Blick durch deine „Fensterscheibe" sehen soll, z.B. eine Winterlandschaft, weihnachtliche Motive oder Figuren aus dem Buch.

1 Der falsche Kalender

Zwei Stufen auf einmal

Olli kann nicht wie Julia zwei Stufen auf einmal nehmen.
Fallen dir noch weitere Dinge ein, bei denen ältere Geschwister
gegenüber den jüngeren im Vorteil sind?
Kennst du diese Unterschiede aus eigener Erfahrung?

Schreibe in deine Mappe und ergänze den Satz:

Die „Großen" können schon ...

_____

_____

_____

Literatur-Kartei: „Hinter verzauberten Fenstern" 10 a

---

1 Der falsche Kalender

Schon zu groß?

Julia erlebt, dass es auch Nachteile haben kann,
die „große" Schwester zu sein.
Was findest **du** ungerecht?

 Übertrage die Tabelle in deine Mappe und fülle sie aus.

Die „Kleinen" dürfen ...	Die „Großen" müssen ...

Literatur-Kartei: „Hinter verzauberten Fenstern" 10 b

1 Der falsche Kalender

Um den Finger gewickelt

Olli hat seine eigenen Methoden, seinen Willen durchzusetzen:
Mit welchen „Überredungskünsten" versuchst du dein Glück?

 **Schreibe Ollis und deine Methoden
in deine Mappe.**

Literatur-Kartei: „Hinter verzauberten Fenstern" 11 a

---

1 Der falsche Kalender

Kühl dich ab!

Wen kannst du besser verstehen:
Die Mutter, die Julia auf ihr Zimmer schickt –
oder Julia, die wütend und enttäuscht ist?

 **Versucht euch in die beiden hineinzuversetzen
und spielt ein Streitgespräch zu zweit nach.**

Literatur-Kartei: „Hinter verzauberten Fenstern" 11 b

1 Der falsche Kalender

Typisch Mutter!?

Julia ärgert sich über ihre Mutter. Sie meint, dass Mütter
immer eine Ewigkeit zum Einkaufen brauchen und
danach meistens schlechte Laune haben.
Gibst du Julia Recht?
Worüber kannst du dich bei deiner Mutter aufregen?

 Schreibe deine Antworten in deine Mappe.

 Literatur-Kartei: „Hinter verzauberten Fenstern" 12 a

---

2 Das erste Fenster

Ein bisschen neugierig

In diesem Kapitel wird Julias Kalender beschrieben.
Stell dir vor, du wärst ein Verkäufer oder eine Verkäuferin
und möchtest bei Kindern wie Julia Interesse wecken.
Vielleicht hast du auch eine gute Idee für ein Werbeplakat?

 Schreibe die Ideen in deine Mappe.

Tipp:
Nutze dazu die verschiedenen
Informationen aus dem Kapitel.

 Literatur-Kartei: „Hinter verzauberten Fenstern" 12 b

Mitternachtsrechnen

Julia hat Glück. Da Mitternacht schon vorbei ist,
kann sie schon das erste Fenster öffnen.

1. Wie spät ist es jeweils,
   wenn Julia noch …

   a) 2 Std., 14 Min., 23 Sek.
   b) 1 Std., 8 Min., 12 Sek.
   c) 1 Std., 0 Min., 37 Sek.
   d) 2 Std., 16 Min., 3 Sek.
   e) 1 Std., 2 Min., 18 Sek.

   … warten muss?

2. Stell dir vor, es wäre noch
   der 30. November, um …

   a) 23.37 Uhr und 6 Sek.
   b) 22.18 Uhr und 19 Sek.
   c) 23.23 Uhr und 39 Sek.
   d) 21.58 Uhr und 59 Sek.
   e) 23.58 Uhr und 14 Sek.

   Wie lange müsste Julia jeweils warten?

 Schreibe die Lösungen in deine Mappe.

Hereingelegt!?

Julia ist enttäuscht:
Hinter dem ersten Fenster sieht sie ein paar
Kartons, eine alte Badewanne, einen Sack,
jede Menge Gerümpel und einen riesigen,
schwarzen Mantel, der an einem klapperigen
Kleiderständer hängt.
Sicher hättest du auch etwas anderes als
einen rumpeligen Dachboden erwartet.
Was würde dir gefallen?
Was fändest du aufregend?

 Schreibe die Antworten in deine Mappe.

3 Der verschwundene Mantel

Gefährlich?

Julias Kalender ist offensichtlich doch nicht so langweilig wie befürchtet. Was ist passiert?

 Schreibe die Antwort in deine Mappe.

Literatur-Kartei: „Hinter verzauberten Fenstern" **14 a**

---

3 Der verschwundene Mantel

Das Geheimnis des Kalenders

Lasst gemeinsam eure Fantasie spielen:
Welches Geheimnis könnte hinter dem Kalender stecken?

 Schreibe deine Vermutungen in deine Mappe.

 Sammle die interessantesten Ideen deiner Mitschüler und schreibe sie zu deinen Vermutungen.

Literatur-Kartei: „Hinter verzauberten Fenstern" **14 b**

Ausflug in andere Welten

Suche dir ein Bild, das dir besonders gut gefällt. Dazu kannst du z.B. in einem Bilderbuch oder einem Kunstbildband nachschauen, den du aus der Bücherei ausleihst. Vielleicht findest du auch in einem Museum oder auf einer Postkarte ein passendes Bild.

 Male es so gut wie möglich ab, aber male dich selbst auch in das Bild hinein.

Was erlebst du bei diesem Ausflug?

 Schreibe deine Erlebnisse in deine Mappe.

Wundervoller Name!

Jakobus findet den Namen „Julia" wundervoll.
Wie gefällt dir dein Name?
Falls weniger gut: Wie würdest du lieber heißen? Warum?
Übrigens: „Julia" bedeutet: „Aus dem Geschlecht der Julianer".
Findest du auch die Bedeutung deines eigenen Namens
und der einiger Mitschüler heraus?

 Frage deine Eltern, warum sie deinen Namen ausgewählt haben.

 Schreibe die Antworten in deine Mappe.

Tipp:
Schau in einem Namenslexikon oder im Internet unter www.kindername.de *nach.*

4 Jakobus Jammernich

Auf unserer Welt

Julia findet sich auf Jakobus' Globus nicht zurecht,
weil er eine andere Welt zeigt.
Wie gut kennst du dich auf einer Landkarte unserer Welt aus?
Welche Kontinente siehst du hier?

 **Schreibe die Namen, die du kennst,
an die richtige Stelle der Weltkarte.**

 **Wenn du möchtest, kannst du die Kontinente
auch farbig anmalen.**

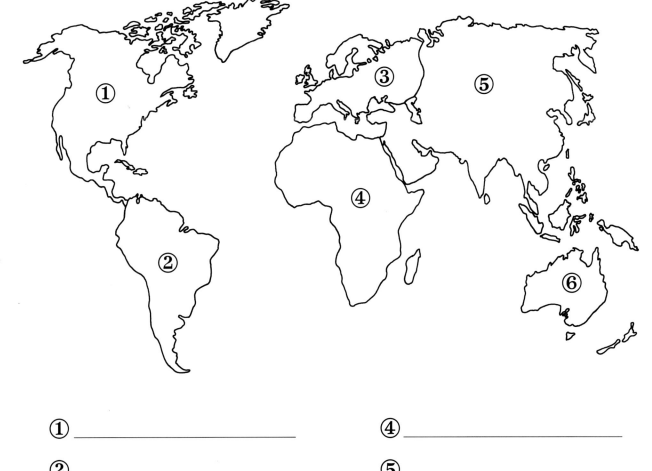

① _____   ④ _____

② _____   ⑤ _____

③ _____   ⑥ _____

Literatur-Kartei: „Hinter verzauberten Fenstern"

4 Jakobus Jammernich

Endlich!?

Jakobus Jammernich ist sehr froh, dass Julia eines der Fenster geöffnet und zu ihm hereingeschaut hat. Er erzählt ihr, dass er und seine Freunde schon seit Jahren auf Besuch warten, und dass sie fast schon alle Hoffnung verloren hatten.

 Stellt gemeinsam Überlegungen an, wer außer Jakobus noch in der Welt der Kalenderhäuser leben könnte – und warum sie so hoffnungsvoll auf ein Kind warten.

Welche Aufgabe könnte auf Julia zukommen?

 Schreibt eure Vermutungen in eure Mappen.

 Literatur-Kartei: „Hinter verzauberten Fenstern"   **17 a**

---

4 Jakobus Jammernich

Liebes Tagebuch, ...

Julia möchte niemandem von ihrem Abenteuer erzählen.
Stell dir vor, sie vertraut ihr Geheimnis ihrem Tagebuch an.

 Schreibe für sie den Tagebuchtext in deine Mappe:

*Liebes Tagebuch,
alles begann damit, dass Mama ...*

 Literatur-Kartei: „Hinter verzauberten Fenstern" **17 b**

5 Ein abenteuerlicher Ausflug

Ungerecht?

Jakobus erklärt Julia, dass der König sich mehr um sein Schloss als um seine Untertanen kümmere. Statt für sein Volk da zu sein, baue der König lieber neue Stockwerke oder einen neuen Turm. Viele Menschen beschweren sich heutzutage über unsere Politiker und werfen ihnen oft ähnliche Dinge vor.

 Sammelt solche „Vorwürfe" in Zeitungen und stellt sie zusammen. Was erscheint euch besonders ungerecht? Habt ihr Vorschläge, worauf die Regierung verzichten könnte, um den Menschen besser helfen zu können?

 Schreibt eure Kritik und Vorschläge in eure Mappen.

Klebt die Zeitungsausschnitte dazu.
Ungerechtigkeiten: …
Verbesserungsvorschläge: …

Literatur-Kartei: „Hinter verzauberten Fenstern" 18 a

---

5 Ein abenteuerlicher Ausflug

Bloß nicht lachen!

Jakobus warnt Julia davor, dass der Türsteher des Königs überhaupt keinen Spaß versteht. Wer von euch ist der „beste Türsteher" und fängt nicht an zu lachen – egal, welche Grimassen die anderen ziehen oder welche Witze sie erzählen?

 Findet gemeinsam in dem Spiel „Bloß nicht lachen!" heraus, wer der „beste Türsteher" von euch ist.

Literatur-Kartei: „Hinter verzauberten Fenstern" 18 b

6 Der alte König

Leo

Im sechsten Kapitel lernst du Leo kennen.

 **Lege eine „Leo"- Seite in deiner Mappe an und vervollständige deine Beschreibung im Laufe des Buches.
Beantworte dabei auch folgende Fragen:**

Wie sieht Leo aus?
Was erfährst du über seinen Charakter?
Welche Pläne hat er?

Literatur-Kartei: „Hinter verzauberten Fenstern"

---

6 Der alte König

Ein richtiger Prinz

Julia hat zu ihrer Überraschung erfahren, dass der Sohn des Königs in Jakobus' Kalenderhaus wohnt.
Bist du auch neugierig auf den Prinzen?
Wie stellst du ihn dir vor?

 Schreibe deine Vorstellungen in deine Mappe.

 Du kannst auch ein Bild vom Prinzen malen, wie du ihn dir vorstellst.

Literatur-Kartei: „Hinter verzauberten Fenstern"

Tapetenwechsel

Julia findet ihr Zimmer langweilig.
Wie bist du mit deinem Zimmer zufrieden?
Was gefällt dir? Was würdest du gerne ändern?

Schreibe die Antworten in deine Mappe.

Zeichne ein Bild von deinem „Traumzimmer" dazu.

Literatur-Kartei: „Hinter verzauberten Fenstern"

Vernünftig oder feige?

Im siebten Kapitel erfährst du, dass Prinz Harry nicht im Schloss wohnt, weil er sich nicht ständig mit Leo streiten möchte.
Worum geht es bei diesen Streitereien?
Kannst du verstehen, dass der Prinz einem Streit lieber aus dem Weg geht, oder findest du Harrys Verhalten feige?
Kennst du Kinder, mit denen du dich auch jedes Mal streitest, wenn du sie siehst?
Gehst du einigen Kindern gerne aus dem Weg?
Wenn ja, warum?

**Lies die Fragen und schreibe deine Antworten in deine Mappe.
Begründe deine Meinung.**

Literatur-Kartei: „Hinter verzauberten Fenstern"

Elfenfest

Bei einem Elfenfest geht alles drunter und drüber – findest du alles, was zum Feiern dazugehört?

 Kreise alle 15 Wörter ein, die zum Feiern gehören. Du kannst sie von oben nach unten oder von links nach rechts lesen.

G	G	I	R	L	A	N	D	E	N	O	L
U	L	N	K	A	U	R	E	F	H	I	M
T	L	K	E	C	T	G	F	B	U	L	I
E	I	U	A	H	O	N	R	A	T	S	E
L	G	C	R	E	R	A	E	L	Z	P	R
A	S	H	U	N	T	H	U	L	P	I	D
U	K	E	R	Z	E	N	N	O	K	E	V
N	S	N	I	M	A	B	D	N	L	L	A
E	M	F	E	U	G	A	E	S	T	E	C
U	W	J	A	S	U	F	T	P	E	I	H
L	A	M	P	I	O	N	S	P	A	S	S
B	G	U	E	K	Y	Q	U	A	T	Z	T

Ist er nicht wunderbar?

Julia kann es kaum glauben, dass der junge, hässliche Mann Prinz Harry sein soll. Sie hat sich einen Prinzen ganz anders vorgestellt. Mit einem Grinsen erklärt Harry ihr, dass man ihn auch Prinz Harry den Hässlichen nennt. Anstatt sich über sein Aussehen zu ärgern oder traurig deswegen zu sein, nimmt Harry es mit Humor. Findest du diese Eigenschaft genauso wunderbar wie Melissa – oder kannst du Harry nicht verstehen?

 Erinnerst du dich daran, wie du einmal über dich selbst gelacht hast? Beschreibe die Situation. Schreibe deine Antworten in deine Mappe.

 Tauscht euch darüber aus, ob ihr diese Charaktereigenschaft für eine Schwäche oder eine Stärke haltet. Schreibe deine Meinung und die deiner Mitschüler in die Mappe.

Literatur-Kartei: „Hinter verzauberten Fenstern"

Es gibt viel zu erzählen ...

Nach dem Fest der Elfen hat Julia ihrem Tagebuch wieder eine Menge zu „erzählen". Am besten hilfst du ihr dabei, damit sie nichts vergisst.

 Schreibe in deine Mappe und ergänze:

Liebes Tagebuch, am Nikolausabend ...

Literatur-Kartei: „Hinter verzauberten Fenstern"

9 Nichts als Ärger

1, 2 oder 3?

Julias Mutter meint, ohne Geschwister sei das Leben
auch nicht schöner. Julia dagegen stellt sich ein Leben
als Einzelkind wunderbar vor.

 **Lies die Fragen und schreibe die Antworten in deine Mappe.
Begründe deine Meinung.**

Wenn du Geschwister hast:
Kannst du Julia verstehen? Was wäre
vielleicht besser, wenn du ein Einzelkind
wärst? Was würde dir fehlen?

Wenn du keine Geschwister hast:
Bist du froh, ein Einzelkind zu sein?
Wenn ja, warum? Was fehlt dir?

 Literatur-Kartei: „Hinter verzauberten Fenstern" **23** a

---

9 Nichts als Ärger

Zum Kaputtlachen

Julias Mutter kann sehr gut Witze erzählen.
Wie sieht das bei euch aus?
Wer bringt seine Mitschüler dazu, sich „kaputtzulachen"?

 **Schreibe deinen Lieblingswitz in
deine Mappe.**

 **Stellt euch eine eigene Witzesammlung
zusammen. Dazu könnt ihr natürlich auch
die Lehrer an eurer Schule nach ihren
Lieblingswitzen fragen.**

 Literatur-Kartei: „Hinter verzauberten Fenstern" **23** b

Leere Warnung?

Julia nimmt Leos Warnung, die der Unsichtbare
ihr überbracht hat, nicht ernst.
Bewunderst du ihren Mut oder findest du es leichtsinnig,
dass sie die Drohung ignoriert?

 **Schreibe einen Brief an Julia in deine Mappe,
in dem du ihr deine Meinung mitteilst:**

*Liebe Julia,
…*

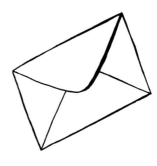

Unverschämtheit!

Der Unsichtbare hat den halben Nikolausteller leer gegessen.

 Auch an diesen Süßigkeiten hat jemand geknabbert:

Kr _ k _ ntk _ g _ ln

V _ n _ ll _ k _ pf _ rl

M _ rz _ p _ nk _ rt _ ff _ ln

D _ m _ n _ st _ _ n _

Z _ mtst _ rn _

L _ bk _ ch _ n

Z _ ck _ rr _ ng _

 **Schreibe in deine Mappe, was alles angeknabbert wurde.
Welche Süßigkeiten aus der Weihnachtszeit kennst du noch?**

Unsichtbare Botschaften

Möchtest du auch unsichtbare Botschaften verfassen können?
Dann versuche es doch mal mit diesen beiden „Zaubertricks":

Geheimbotschaft

Das brauchst du:

- 2 Papierblätter
- etwas Wasser
- einen Kugelschreiber

So geht's:

1. Tauche eines der Blätter in Wasser.
2. Lege das trockene Blatt auf das nasse Blatt und schreibe deine Botschaft darauf, so dass sie sich auf das nasse Papier durchdrückt.
3. Wenn du das Papier trocknen lässt, verschwindet die Schrift.
4. Sobald du das Blatt wieder nass machst, erscheint deine Botschaft wieder.

Geheimtinte

Das brauchst du:

- Zitronensaft
- einen Federhalter mit Feder
- ein Blatt Papier
- eine Wärmequelle (z.B. ein Feuerzeug, Bügeleisen oder eine Herdplatte)

So geht's:

1. Schreibe mit dem Zitronensaft deine geheime Botschaft.
2. Wenn du das Blatt an eine Wärmequelle hältst, wird dein Text plötzlich sichtbar. Sei vorsichtig, damit das Papier nicht in Brand gerät!

 Wie ist das möglich? Sucht gemeinsam nach Lösungen und schreibt sie in eure Mappen.

11 Die Entführung

Langeweile?

Im elften Kapitel erfährst du, womit Julia ihren Sonntag verbringt:
mit dem Sonntagsspaziergang, dem Sonntagsmittagessen und
dem Sonntagsfernsehen.
Wie verbringst du zu Hause den Sonntag?
Was gefällt dir?
Welche Verbesserungsvorschläge hast du?

 Schreibe die Antworten in deine Mappe.

Meistens ...

Literatur-Kartei: „Hinter verzauberten Fenstern" 26 a

---

11 Die Entführung

Blinde Kuh und Co.

Die Heinzelmänner spielen verschiedene Spiele, z.B. Blinde Kuh.

 **Stellt in eurer Mappe eine Spielesammlung zusammen.
Schreibt in eure Spielesammlung alle Spiele,
die ihr besonders gerne spielt.**

Vergesst euer Lieblingsspiel
nicht. Ihr könnt auch neue
Spiele erfinden.

Literatur-Kartei: „Hinter verzauberten Fenstern" 26 b

12 Das verlorene Geheimnis

Guter König – schlechter König

Leo hat Harry entführen lassen, weil er König werden möchte.
Glaubst du, Leo könnte ein guter König werden?
Was macht deiner Meinung nach einen guten
beziehungsweise einen schlechten König aus?

 Schreibe deine Überlegungen in deine Mappe:

Ein guter König ...	Ein schlechter König ...

Literatur-Kartei: „Hinter verzauberten Fenstern" **27 a**

---

12 Das verlorene Geheimnis

Pantomime

Als Julia und ihre Freunde Harrys Befreiung planen, kann Riesig
sich nur mit seinen Händen verständigen, weil er stumm ist.
Könnt ihr auch ohne Worte „reden"?

 **Sammelt von allen Kindern einen Zettel ein,
auf dem ein Wort oder sogar ein Satz steht.**

 **Jeder zieht einen Zettel und versucht, den angegebenen Begriff
oder Satz pantomimisch (ohne Worte) darzustellen.**

Katze — traurig sein — Komm mit! — Die Schule ist aus!

Literatur-Kartei: „Hinter verzauberten Fenstern" **27 b**

So eine Gemeinheit!

Julia wird eifersüchtig, weil ihre Freunde freundlich zu Olli sind.
In welchen Situationen verspürst du Eifersucht?

Beschreibe deine Gefühle dabei.

Schreibe deine Erfahrungen in deine Mappe:

Ich bin eifersüchtig, wenn ...
Ich bin manchmal eifersüchtig auf ...
Ich finde Eifersucht nicht gut, denn ...
Wenn ich eifersüchtig bin, ...

Na warte!

Melissa freut sich.
Sie meint: „Jetzt kann Leo, der Lügner, was erleben!" (S. 154)
Julia und ihre Freunde aus der Kalenderwelt wollen den entführten Prinzen befreien. Noch wisst ihr nichts über ihren Plan.
Habt ihr eine Idee, wie sie Harry retten könnten?

Entwickelt gemeinsam einen klugen Plan.

Schreibe den Plan, der dir am besten gefällt, in deine Mappe.

14 Die Schokoladenburg

Eine gute Idee!?

Im 14. Kapitel erfährst du, welche Dinge Jakobus für die Befreiung von Prinz Harry braucht:

Ein paar kleine Dosen und Pinsel für Olli und die Heinzelmänner, eine große Tüte für Rosalinde, ein Seil für Melissa und einen Farbbeutel für Julia.

Hast du eine Idee, welchen Plan Jakobus mit diesen seltsamen Gegenständen haben könnte? Lass deine Fantasie spielen.

 Notiere deine Ideen in deiner Mappe.

 Literatur-Kartei: „Hinter verzauberten Fenstern" **29** a

 **14** Die Schokoladenburg

Was für ein Plan!

Nachdem du das Kapitel gelesen hast, weißt du, welche Aufgabe jeder Einzelne hatte und welche Rolle die seltsamen Gegenstände spielten.

 Schreibe die Anweisungen in deine Mappe, die Jakobus zu der gefährlichen Befreiungsaktion gegeben haben könnte:

Melissa, flattere …
Julia, …
Olli, …
Rosalinde, …
Riesig, …

 Literatur-Kartei: „Hinter verzauberten Fenstern" **29** b

14 Die Schokoladenburg

Lecker, lecker

Sicher esst ihr genauso gern Schokolade wie Riesig.
Wie wäre es, wenn eure Klasse ein „Schokoladenbuch"
schreiben würde?

 Kuchen, Kekse, Pralinen, Nachtisch ... – sammelt die unterschiedlichsten Rezepte und stellt sie zu einem Buch zusammen.

Mein Lieblings-Schokoladen-Rezept: ...

Literatur-Kartei: „Hinter verzauberten Fenstern" 30 a

---

14 Die Schokoladenburg

S wie Schokolade

Jeder kennt Schokolade – aber woraus
wird sie eigentlich gemacht?
Seit wann gibt es Schokolade?
Wer hat sie erfunden?

 Sucht nach Informationen und schreibt sie in eure Mappen.

 Stellt gemeinsam ein Infoblatt zusammen, das ihr in euer „Schokoladenbuch" heften könnt.

Tipp: Sucht z.B. im Internet bei www.blinde-kuh.de unter dem Begriff „Schokolade".

Literatur-Kartei: „Hinter verzauberten Fenstern" 30 b

15 König Harry der Hässliche

Strafe muss sein!

Welche Strafe denkt sich Julia für Leo den Lügner
und die Wachen aus? Wie gefällt dir die Idee?
Wie würdest du Leo bestrafen?

 **Schreibe die Antworten und deine Strafe
für Leo in deine Mappe.**

Literatur-Kartei: „Hinter verzauberten Fenstern"

---

15 König Harry der Hässliche

Königliche Pläne

Harry möchte als König so viele Dinge ändern, dass sein
vergesslicher Vater mal wieder alles durcheinander bringt:

Julia und Olli werden zu richtigen Kalenderhäusern ernannt.
Bald soll es keine Schokoladenhäuser mehr geben,
sondern nur noch Ehrengäste.
Jakobus Jammernich wird aufgegessen.
Die Schokoladenburg bekommt den ehrenvollen Posten
eines königlichen Beraters.

 **Schreibe Harrys Pläne richtig in deine Mappe.
Was hältst du von seinen Ideen?**

 Schreibe deine Meinung in die Mappe.

Literatur-Kartei: „Hinter verzauberten Fenstern"

16 Die Rückkehr

Hatschi!

Erinnerst du dich an das „Nieskonzert" im 14. Kapitel?
Das furchtbare Niesen von Leo und den Wachmännern
hat die Ereignisse der Geschichte durcheinander gewirbelt.

 Schneide die Sätze aus und ordne sie in der richtigen Reihenfolge.

 Anschließend kannst du am Lösungswort erkennen, ob die Reihenfolge stimmt. Dazu musst du die großen Buchstaben von oben nach unten lesen.

| T | Da Julia die Warnung nicht ernst nimmt, wird Harry entführt. |

| E | Olli kommt hinter Julias Geheimnis und erpresst sie, so dass sie ihn mit in die Kalenderwelt nehmen muss. |

| B | Dort lernt sie den Erfinder Jakobus Jammernich kennen und macht mit ihm in einer fliegenden Badewanne einen Ausflug. |

| R | Julia und Olli erzählen ihren Eltern die ganze Geschichte und laden sie zum großen Königsfest am nächsten Samstag ein. |

| A | Nachdem Julia lange in ein Fenster ihres Adventskalenders geschaut hat, befindet sie sich plötzlich in einer anderen Welt. |

| N | Leo schickt einen Unsichtbaren zu Julia, der sie bedroht. |

| E | Beim Elfenfest findet Julia in Rosalinde, Melissa, den vier Heinzelmännern, Riesig und Harry neue Freunde. |

| E | Der König bestraft Leo und ernennt Harry zum neuen König. |

| U | Mit einem einfallsreichen Plan kann Harry aus der Schokoladenburg befreit werden. |

Literatur-Kartei: „Hinter verzauberten Fenstern"

16 Die Rückkehr

Mein „Held"

 Welche Person aus dem Buch hat dir am besten gefallen?

 Begründe deine Wahl und beschreibe deine Heldin oder deinen Helden in deiner Mappe so gut wie möglich.

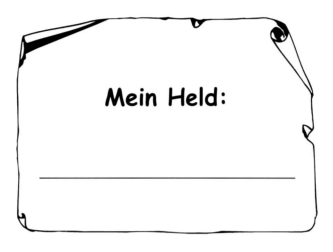

Mein Held: _____

Literatur-Kartei: „Hinter verzauberten Fenstern"

---

16 Die Rückkehr

Liebe Frau Funke, ...

Wie hat dir das Buch „Hinter verzauberten Fenstern" gefallen?

 Fasst alle eure Anregungen, Fragen und Kritik zu einem Brief zusammen.

Besonders gut …
Nicht so gut …
Meine Verbesserungsvorschläge …

Schreiben könnt ihr an: Cecilie Dressler Verlag
z. Hd. Cornelia Funke
Poppenbütteler Chaussee 53
22397 Hamburg

Literatur-Kartei: „Hinter verzauberten Fenstern"

Mit Schokolade natürlich!

Julia und Olli haben sich einen Adventskalender
mit Schokolade gewünscht.
Welche Adventskalender kennst du noch?
Was gehört in deiner Familie zur Vorweihnachtszeit?

 **Schreibe die verschiedenen Gegenstände und Rituale
(= Bräuche) der Vorweihnachtszeit in deine Mappe.**

Welche Ideen habt ihr, euren Klassenraum zu schmücken?

 **Sprecht im Sitzkreis über die unterschiedlichen Möglichkeiten,
die Adventszeit festlich zu gestalten.**

 Advents-Kartei: „Hinter verzauberten Fenstern" 34 a

Achtung, Anlaut!

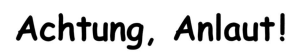

Fischer Fritz fischt frische Fische, frische Fische fischt Fischer Fritz.

Bei diesem bekannten Spaßsatz handelt
es sich nicht nur um einen Zungenbrecher,
sondern auch um eine Alliteration. So nennt
man es, wenn mindestens zwei aufeinander
folgende Wörter mit dem gleichen
Buchstaben beginnen.
Cornelia Funke hat in dem Buch „Hinter
verzauberten Fenstern" auch einige
Alliterationen verwendet:

Bill, **B**ob, **B**ert und **B**arney
Jakobus **J**ammernich
Harry der **H**ässliche
Leo der **L**ügner

Zu wie vielen Buchstaben des Alphabetes
kannst du Namen erfinden, die eine
Alliteration bilden? Wähle dabei Namen,
die gut zu dem Buch passen würden!

 Schreibe die Alliterationen in deine Mappe!

 Advents-Kartei: „Hinter verzauberten Fenstern" 34 b

Erinnerst du dich?

Der König ist sehr vergesslich. Vor allem Namen kann er sich schlecht merken.
Wie sieht es mit deinem Namensgedächtnis aus?

 Schreibe die Lösungen in die Felder.

a) Die Hauptperson des Buches
b) Ein freundlicher Erfinder
c) Ein Lügner
d) Die erste Elfe
e) Die zweite Elfe
f) Ein hässlicher Prinz
g) Der kleine Bruder
h) Ein hilfsbereiter Riese
i) Einer der Heinzelmänner
j) Der Vorname der Buchautorin

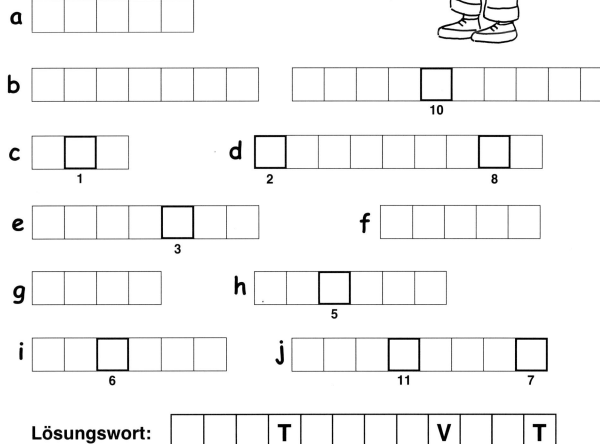

Adventskartei: „Hinter verzauberten Fenstern"

Vergleichsweise

Die Autorin Cornelia Funke gebraucht in ihrem Buch oft sehr anschauliche Vergleiche.

 Kannst du die folgenden Beschreibungen ihren jeweiligen Vergleichen wieder zuordnen?

 Verbinde die Buchstaben mit der passenden Zahl.

Julias Beine fühlten sich an A	1 wie dicke, geduckte Tiere.
Der König ist blind B	2 wie eine Banane.
Sein Lächeln war so breit C	3 wie eine lebendige Schlange.
Die Treppe wackelte D	4 wie dürre, düstere Skelette.
Die Bäume standen da E	5 wie aus Gummi.
Sie wurde rot F	6 wie Neuschnee.
Ihre Knie wurden weich G	7 wie ein Spiegelei.
Die Häuser sahen aus H	8 wie Wackelpudding.
Die Flugmaschine brummte I	9 wie eine Kirsche.
Sie war vor Aufregung weiß J	10 wie ein blauer Blitz.
Der Unsichtbare raste davon K	11 wie ein nasser Mehlsack.
Die Autos sahen aus L	12 wie ein zorniges Insekt.
Leo hing zwischen den Elfen M	13 wie Scherenschnitte.
Der See war so groß N	14 wie eine dicke Hummel.
Seine blauen Augen stachen O	15 wie ein Maulwurf.
Die Maschine summte P	16 wie Eisnadeln.

Advents-Kartei: „Hinter verzauberten Fenstern"

Wir feiern den Advent!

 Setze die folgenden Wörter richtig in den Lückentext ein:

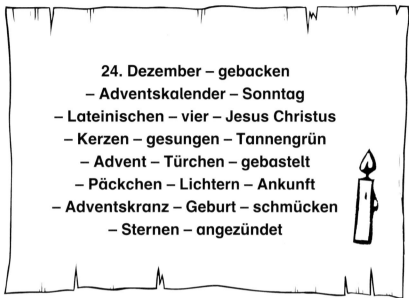

24. Dezember – gebacken
– Adventskalender – Sonntag
– Lateinischen – vier – Jesus Christus
– Kerzen – gesungen – Tannengrün
– Advent – Türchen – gebastelt
– Päckchen – Lichtern – Ankunft
– Adventskranz – Geburt – schmücken
– Sternen – angezündet

Die _____ Wochen vor Weihnachten nennt man _____.

Dieses Wort kommt aus dem _____ und bedeutet

übersetzt _____. Die Christen auf der ganzen Welt bereiten sich

in dieser Zeit auf die _____ von _____

vor, die am _____ gefeiert wird.

Sie _____ ihre Häuser mit **T**_____,

S_____ und **L**_____. Die meisten

Menschen haben einen _____ mit vier _____.

Jeden _____ wird eine Kerze _____.

Kinder bekommen oft einen _____ mit 24 _____

oder _____. Es wird _____,

_____ und _____.

Advents-Kartei: „Hinter verzauberten Fenstern"

Wünsche (1/2)

 Lies das Gedicht.

 Bearbeite die Aufgaben auf dem zweiten Arbeitsblatt (S. 39).

Der kleine Nimmersatt

1) Ich wünsche mir ein Schaukelpferd,
   'ne Festung und Soldaten
   und eine Rüstung und ein Schwert,
   wie sie die Ritter hatten.

2) Drei Märchenbücher wünsch' ich mir
   Und Farbe auch zum Malen
   Und Bilderbogen und Papier
   Und Gold- und Silberschalen.

3) Ein Domino, ein Lottospiel,
   Ein Kasperletheater,
   Auch einen neuen Pinselstiel
   Vergiss nicht, lieber Vater!

4) Ein Zelt und sechs Kanonen dann
   Und einen neuen Wagen
   Und ein Geschirr mit Schellen dran,
   Beim Pferdespiel zu tragen.

5) Ein Perspektiv, ein Zootrop,
   'ne magische Laterne,
   Ein Brennglas, ein Kaleidoskop
   Dies alles hätt' ich gerne.

6) Mir fehlt – ihr wisst es sicherlich –
   Gar sehr ein neuer Schlitten,
   Und auch um Schlittschuh' möchte ich
   Noch ganz besonders bitten.

7) Um weiße Tiere auch von Holz
   Und farbige von Pappe,
   Um einen Helm mit Federn stolz
   Und eine Flechtemappe.

8) Auch einen großen Tannenbaum,
   Dran hundert Lichter glänzen,
   Mit Marzipan und Zuckerschaum
   Und Schokoladenkränzen.

9) Doch dünkt dies alles euch zu viel,
   Und wollt daraus ihr wählen,
   So könnte wohl der Pinselstiel
   Und auch die Mappe fehlen.

10) Als Hänschen so gesprochen hat,
    Sieht man die Eltern lachen:
    „Was willst du, kleiner Nimmersatt,
    Mit all den vielen Sachen?"

11) „Wer soviel wünscht" –
    der Vater spricht's –
    „Bekommt auch nicht ein Achtel –
    Der kriegt ein ganz klein wenig Nichts
    In einer Dreierschachtel."

© Heinrich Seidel, 1893

Wünsche (2/2)

Der Junge aus dem Gedicht wünscht sich sehr viele Dinge.
Zu fast jedem Buchstaben des Alphabets hat er einen Wunsch.

 **Schreibe die Wünsche des „kleinen Nimmersatt"
dem Alphabet nach unten auf seinen Wunschzettel.**

 **Kreuze die Dinge auf „Nimmersatts" Liste an,
die du dir auch wünschst!**

 Schreibe deinen eigenen Wunschzettel in deine Mappe!

Nimmersatts Wunschzettel

... auch nicht ein Achtel

 Lies das Gedicht „Der kleine Nimmersatt" (S. 38).

 Lies die Fragen und schreibe die Antworten in deine Mappe.

Was sagt der Vater zu seinem Sohn?
Was bedeutet das?
Wie gefällt dir seine Antwort?
Wie reagieren *deine* Eltern auf *deinen* Wunschzettel?
Werden all deine Wünsche erfüllt oder nur ein Teil davon?
Welche Gründe gibt es dafür, nicht alle Wünsche zu erfüllen?

Die meisten Kinder auf der Welt wünschen sich z.B.:

- ein Dach über dem Kopf
- ein Bett
- eine Mahlzeit
- sauberes Trinkwasser
- Frieden
- Schulbildung
- Spielzeug

Vergleiche diese Wunschliste mit deinem Wunschzettel.
Was fällt dir auf?
Es gibt viele Dinge, die man sich wünschen kann, die es aber nicht zu kaufen gibt. Welche fallen dir ein?

 Ergänze deine Wunschliste mit den Dingen, die du dir wünschst und die man nicht für Geld bekommen kann.

Der Bratapfel

Kinder, kommt und ratet, was im Ofen bratet!
Hört, wie's knallt und zischt. Bald wird er aufgetischt,
der Zipfel, der Zapfel, der Kipfel, der Kapfel,
der gelbrote Apfel.

Kinder, lauft schneller, holt einen Teller,
holt eine Gabel! Sperrt auf den Schnabel
für den Zipfel, den Zapfel, den Kipfel, den Kapfel,
den goldbraunen Apfel!

Sie pusten und prusten, sie gucken und schlucken,
sie schnalzen und schmecken, sie lecken und schlecken
den Zipfel, den Zapfel, den Kipfel, den Kapfel,
den knusprigen Apfel.

(Volksgut aus Bayern)

 **Schreibe das Rezept richtig in deine Mappe!
Kennst du noch andere Füllungen? Schreibe sie dazu.**

Rezept für einen Bratapfel

So geht's:

Schneide von einem FALPE einen kleinen KLECDE ab und entkerne ihn dann großzügig.

Füllen kannst du ihn dann z.B. mit: SÜNNES, SONREIN, GOHIN, LEMMADERA, DEMLANN oder PRAZAMIN.

Etwas TERUBT und MITZ darauf und bei 180° C ca. 30 TEINNUM backen! NUGET PEITAPT!

Die Autorin stellt sich vor

Cornelia Funke wurde 1958 in Dorsten geboren. Schon sehr früh entdeckte sie ihren Spaß am Zeichnen. Da sie aber auch mit Kindern arbeiten wollte, studierte sie zuerst Pädagogik (Erziehungswissenschaft) und arbeitete in Hamburg auf einem Bauspielplatz. Nebenbei hat sie Buchillustration studiert. Sie lernte also, zu Geschichten die passenden Bilder zu zeichnen. Auch heute arbeitet sie noch als Buchillustratorin. Da sie oft mit Kinderbüchern zu tun hat, kam sie bald auf die Idee, selber ein Buch zu schreiben. Inzwischen zählt Cornelia Funke zu den beliebtesten Kinder- und Jugendbuchautoren in Deutschland und in anderen Ländern. Sie hat schon viele Preise und Auszeichnungen erhalten. Oft bekommt sie Briefe von kleinen und großen Lesern. Besonders freut sie sich über die Briefe von den Kindern, die eigentlich nicht so gerne lesen. Die Schriftstellerin lebte bis Mai 2005 mit ihrem Mann, zwei Kindern, Pferden und einem Hund in einem Haus mit großem, verwildertem Garten in Hamburg. Dann zog sie wegen ihres großen Erfolgs in den USA mit ihrer ganzen Familie nach Los Angeles.

Das sagt Cornelia Funke:

„Die meisten meiner Geschichten entstehen aus Erinnerungen, ganz alltäglichen Erlebnissen oder Eindrücken, beim Spazierengehen, beim Aus-dem-Fenster-Gucken. Ich sehe etwas, und in meinem Kopf entspinnt sich dazu eine Geschichte."

„Ich glaube, ich erzähle meist Geschichten, die ich selbst gern hören würde – und die eigenartigen Gestalten, die manchmal darin vorkommen, die gibt es zwar nicht, aber ich hätte gern, dass es sie gäbe. Und vor allem spannend muss es zugehen."

Lies die Fragen und schreibe die Antworten in deine Mappe.

Cornelia Funke war nicht immer Schriftstellerin. Welche Berufe hat sie gelernt und ausgeübt? In welchen Situationen kommen ihr die fantasievollen Ideen in den Kopf? Warum kommen in ihren Büchern auch Wesen vor, die es gar nicht gibt?

Tipp: Schaue im Internet unter www.amazon.de nach.

Finde drei weitere Buchtitel der Autorin heraus und schreibe sie in deine Mappe.

Advents-Kartei: „Hinter verzauberten Fenstern"

Weißt du eigentlich, ...

... seit wann es den Adventskranz gibt?

Der Adventskranz wurde vor mehr als 160 Jahren von Johann Wichern erfunden. Dieser Mann kümmerte sich um Kinder, die in großer Armut lebten, und zog mit ihnen in ein altes Bauernhaus, das „Rauhe Haus". Während der Adventszeit fragten die Kinder oft, wann denn endlich Weihnachten sei. Johann Wichern hängte einen großen Holzreifen an einen Kronleuchter, auf den er jeden Tag eine Kerze stellte. Die Kerzen wurden angezündet, und dazu las Johann Wichern eine Bibelstelle oder ein Gebet vor und erzählte von Weihnachten. Am Heiligen Abend schmückten 24 Kerzen den Holzreifen. Da den Kindern diese Idee so gut gefiel, begannen sie nach einiger Zeit, den Reifen in einen Kranz zu verwandeln: Sie schmückten das Holz mit echten Tannenzweigen, die ein Zeichen für das Leben sein sollten. Von Norddeutschland aus breitete sich dieser Brauch zuerst nur in evangelischen Familien aus. Anfang des letzten Jahrhunderts hing der erste Adventskranz mit vier Kerzen in einer katholischen Kirche. Heute ist der Adventskranz auf der ganzen Welt bekannt.

An jedem Adventssonntag darf man bis Weihnachten eine Kerze mehr anzünden. Das Licht der Kerzen ist ein Symbol für die Hoffnung, die Abwehr des Bösen, weil das Licht die Dunkelheit vertreibt, und für Jesus, das Licht der Welt.

 Lies den Text. Wenn du Lust hast, kannst du einen besonders schönen Adventskranz malen.

*Tipp:
Schau auch im Internet nach unter
www.weihnachten-im-web.de/main.html*

Advents-Kartei: „Hinter verzauberten Fenstern"

Wie ist der Adventskalender entstanden?

Auch der Adventskalender hat eine lange Geschichte hinter sich. Er wurde von Gerhard Lang Anfang des letzten Jahrhunderts in Hamburg erfunden. Als er ein Kind war, legte seine Mutter jedes Jahr zur Adventszeit in 24 Schächtelchen ein Plätzchen. Als Gerhard Lang erwachsen war, verzichtete er auf Plätzchen und verwendete stattdessen Zeichnungen. Der erste Adventskalender, den er drucken ließ, bestand aus zwei Blättern: Auf dem ersten Blatt waren die Zahlen 1–24, auf dem zweiten Blatt waren 24 Engelbilder zu sehen, die jeden Tag ausgeschnitten und auf die Zahlen geklebt wurden.

Anfang des letzten Jahrhunderts waren diese Kalender auch in anderen Ländern weit verbreitet. Erst seit ungefähr 1960 gibt es Adventskalender mit Fenstern, die meistens Bilder oder Schokolade enthalten.

Man kann die 24 Tage bis Weihnachten aber auch noch auf andere Weise gestalten. Zum Beispiel hängen manche Familien jeden Tag ein buntes Bildchen auf, so dass zu Weihnachten die Zimmerwand mit 24 Bildern geschmückt ist. Man kann auch 24 Kreidestriche an eine Wand oder Tür malen, von denen jeden Tag einer weggewischt wird. Eine Adventskerze mit 24 Strichen wird jeden Tag bis zur nächsten Markierung abgebrannt.

Lies den Text.
Hast du noch andere Ideen, wie man einen Adventskalender selbst gestalten kann? Womit ist er gefüllt?
Es muss ja nicht immer etwas Süßes oder Spielzeug sein.

Schreibe deine Ideen in deine Mappe.

Advents-Quiz

Lies die Informationen zum Adventskranz (S. 43) und Adventskalender (S. 44) aufmerksam durch.

Kreuze die richtigen Lösungen an.

Wenn du die Buchstaben von oben nach unten liest, erhältst du das Lösungswort.

1) Der Adventskranz wurde
   vor 2000 Jahren (L) ☐
   im 19. Jahrhundert erfunden (W) ☐

2) Der Erfinder hieß
   Johann Wichern (E) ☐
   Gerhard Lang (K) ☐

3) Er leitete
   ein Waisenhaus (I) ☐
   ein Krankenhaus (B) ☐

4) Der erste Kranz bestand
   aus Stroh (K) ☐
   aus Holz (H) ☐

5) Er hing an
   einem Baum (U) ☐
   einem Kronleuchter (N) ☐

6) Heute hat der Adventskranz
   24 Kerzen (C) ☐
   4 Kerzen (A) ☐

7) Das Licht ist ein Symbol für
   das Leben (H) ☐
   die Hoffnung (C) ☐

8) Den ersten Adventskalender gab es
   in Italien (E) ☐
   in Deutschland (H) ☐

9) Der Erfinder hieß
   Johann Wichern (N) ☐
   Gerhard Lang (T) ☐

10) Bei den ersten Kalendern
    wurden Bilder ausgeschnitten
    und aufgeklebt (L) ☐
    wurden täglich Bilder gemalt (H) ☐

11) Sie zeigten
    24 Kreidestriche (A) ☐
    Engel (I) ☐

12) Weltweit verbreitet sich
    der Adventskalender seit
    1881 (U) ☐
    1920 (C) ☐

13) Seit 1960 gibt es auch welche mit
    Schokolade (H) ☐
    Kerzen (S) ☐

Lösungswort: ☐☐☐☐☐☐☐☐☐☐☐☐☐

Advents-Kartei: „Hinter verzauberten Fenstern"

Der Weihnachtsbaum (1/2)

Fast jede Familie stellt sich zu Weihnachten einen Tannenbaum ins Haus und schmückt ihn. Aber woher kommt eigentlich dieser Brauch? Schon immer haben die Menschen in Pflanzen Lebenskraft gesehen. Die meisten Pflanzen sind im Winter kahl – nur wenige bleiben grün. Vor allem diese Bäume und Sträucher werden mit Hoffnung auf neues Leben und mit Heilkraft in Verbindung gebracht. Schon die alten Römer hängten sich zum Jahreswechsel Lorbeerkränze an ihre Türen, weil sie glaubten, sich auf diese Weise Gesundheit für das neue Jahr ins Haus holen zu können. Doch unseren Weihnachtsbaum, wie wir ihn kennen, gibt es erst seit ungefähr 400 Jahren. Angeblich soll der erste Weihnachtsbaum in Straßburg im Jahre 1605 gestanden haben. Er war aber noch nicht mit Kerzen, sondern mit Äpfeln geschmückt. Erst im 18. Jahrhundert verbreitete sich langsam dieser Brauch: zuerst nur in Deutschland und Österreich, dann auch noch über den Atlantik bis nach Amerika. Deutsche Auswanderer machten den Weihnachtsbaum in ihrer neuen, amerikanischen Heimat bekannt. So wurde 1891 zum ersten Mal ein Lichterbaum vor dem Weißen Haus in Washington aufgestellt. Dort hat der amerikanische Präsident seinen Amtssitz.

 Lies den Text.

 Lies die Fragen und schreibe die Antworten in deine Mappe.

Wie schmückt ihr zu Hause euren Weihnachtsbaum?
Wann wird er aufgestellt und wie lange behaltet ihr ihn?
Was gehört in deiner Familie alles zum Christbaumschmuck?

 Du kannst auch ein Bild von eurem Weihnachtsbaum dazu malen.

Der Weihnachtsbaum (2/2)

Tannengeflüster

1. Wenn die ersten Fröste knistern,
   In dem Wald bei Bayrisch-Moos,
   Geht ein Wispern und ein Flüstern
   In den Tannenbäumen los,
   Ein Gekicher und Gesumm
   Ringsherum …

2. Eine Tanne lernt Gedichte,
   Eine Lärche hört ihr zu.
   Eine dicke, alte Fichte
   Sagt verdrießlich: „Gebt doch Ruh'!
   Kerzenlicht und Weihnachtszeit
   Sind noch weit!"

3. Vierundzwanzig lange Tage
   Wird gekräuselt und gestutzt
   Und das Wäldchen ohne Frage
   Wunderhübsch herausgeputzt.
   Wer noch fragt: „Wieso? Warum?!"
   Der ist dumm.

4. Was das Flüstern hier bedeutet,
   Weiß man selbst im Spatzennest:
   Jeder Tannenbaum bereitet
   Sich nun vor aufs Weihnachtsfest,
   Denn ein Weihnachtsbaum zu sein:
   Das ist fein!

© James Krüss, 2001, Der wohltemperierte Leierkasten, erschienen im
C. Bertelsmann Jugendbuch Verlag, München, einem Unternehmen
der Verlagsgruppe Random House GmbH

Stell dir vor, du seist eine Tanne im Wald.
Was erlebst du im Advent? Wie fühlst du dich?

 Schreibe eine Geschichte über deine Abenteuer als Tanne.

Es geht dir ähnlich wie den Tannen in dem Gedicht, die sich darauf freuen, ein Weihnachtsbaum zu werden.
Worauf freust du dich? Was möchtest du bei den Menschen erleben? Was machst du, damit der Holzfäller dich aussucht anstatt der Tanne neben dir?
Oder:
Du möchtest im Wald bleiben.
Warum gefällt es dir hier so gut? Mit welchem Trick verhinderst du, dass du gefällt wirst?

Advents-Kartei: „Hinter verzauberten Fenstern"

Plätzchen verschenken

Viele Menschen probieren in der Adventszeit
die unterschiedlichsten Plätzchenrezepte aus.

Schreibe dein Lieblings-Plätzchenrezept auf ein schönes Blatt Papier. Verziere es mit Zeichnungen oder Aufklebern und schreibe deinen Namen darunter.

Wie wäre es, dein Lieblings-Plätzchenrezept zu verschenken?

So geht's:

Jedes Kind schreibt seinen Namen auf einen kleinen Zettel.
Faltet die Zettel zusammen und sammelt sie ein.
Jedes Kind zieht einen Namenszettel.
Schenkt dem Kind, das ihr gezogen habt, euer Lieblingsrezept.
Heftet die Rezepte in eure Mappe und probiert das Rezept
zu Hause aus.

Tipp: Vergesst nicht, euren Mitschülern zu berichten, wie euch die Plätzchen geschmeckt haben.

Der Barbaratag

Hast du schon einmal vom Barbarazweig gehört? Viele Menschen stellen am Barbaratag, am 4. Dezember, eine Blumenvase mit einem abgeschnittenen Zweig in ein geheiztes Zimmer. Dieser fängt nach zwei bis drei Wochen an zu blühen. Viele Menschen deuten es als gutes Zeichen für ihre Zukunft, wenn ihr Zweig genau zu Weihnachten mit dem Blühen beginnt. Die Legende der Heiligen Barbara erzählt, wie dieser Brauch entstanden ist:

Die Legende von der heiligen Barbara

In der Türkei lebte etwa 300 Jahre nach Christi Geburt eine junge Frau mit dem Namen Barbara. Ihr Vater, ein ungläubiger Mann, liebte seine Tochter sehr, war aber sehr misstrauisch. Deswegen sperrte er Barbara immer in einen Turm, wenn er verreisen musste. Barbara war trotz ihres Reichtums sehr unglücklich und einsam. Erst als sie Christin wurde, sah sie in ihrem Leben einen Grund zur Freude und eine Aufgabe. Leider wurden Christen zu dieser Zeit verfolgt und wegen ihres Glaubens eingesperrt oder getötet. Ihr Vater versuchte verzweifelt, sie von ihrem Glauben abzubringen, aber er hatte keinen Erfolg. Aus Wut verriet er seine eigene Tochter, die daraufhin verhaftet und hingerichtet wurde. In der Gefangenschaft soll sie einen verdorrten Kirschbaumzweig zum Blühen gebracht haben, in dem sie ihn mit ihrem Trinkwasser betropft hatte. Während sie auf ihre Hinrichtung gewartet hat, soll der blühende Zweig sie getröstet haben.

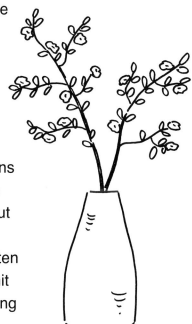

 Möchtest du auch einmal erleben, wie Zweige mitten im Winter zu blühen beginnen?

So geht's:

Schneide ein paar Zweige von Obstbäumen ab (z.B. Apfel-, Kirsch- oder Pflaumenzweige) und stelle sie in eine Vase mit warmem Wasser. Wechsle das Wasser etwa alle drei Tage. Wenn du Glück hast, fangen die Zweige rechtzeitig zu Weihnachten an zu blühen.

Das Luciafest

In Schweden und in Italien gibt es einen Adventsbrauch, den nur wenige Menschen in anderen Ländern kennen: Am 13. Dezember feiern sie den Tag der Lichterkönigin, das sogenannte Luciafest.

Die Legende von der heiligen Lucia

Wie die heilige Barbara lebte auch Lucia zur der Zeit, als die Christen verfolgt wurden. Es wird erzählt, dass Lucia den anderen Christen, die sich auch verstecken mussten, heimlich Lebensmittel brachte. Doch in den Höhlen war es stockdunkel und Taschenlampen gab es damals noch nicht. Um etwas sehen zu können, musste Lucia also Kerzen mitnehmen. Aber sie brauchte ihre Hände, um das Essen zu tragen. Da hatte sie eine gute Idee: Sie steckte sich die Kerzen in einen Preiselbeerkranz und setzte ihn auf den Kopf. Nun hatte sie genug Licht, um sich im Dunkeln zurechtzufinden.

Italien:
Hier beschenkt Santa Lucia die Kinder am 13. Dezember. Außerdem wird zur Erinnerung an Lucias gute Taten eine Mahlzeit für die Armen, ein süßer Kichererbsenbrei, gekocht.

Schweden:
Am Luciatag trägt die älteste Tochter im Haus ein weißes Kleid und einen grünen Kranz mit brennenden Kerzen auf dem Kopf. So weckt sie am Morgen ihre ganze Familie und bringt ihnen die ersten Weihnachtsplätzchen. Da in Schweden im Dezember nur wenige Stunden hell sind, hat das Licht eine besondere Bedeutung. Außerdem sind die Kerzen Vorboten des Weihnachtslichtes.

 Lies den Text. Wie würdest du das Luciafest gerne feiern?

 Schreibe deine Vorschläge in deine Mappe.

Herbergssuche

Dieser Adventsbrauch stammt aus dem Mittelalter und wird heute nur noch in den Alpen ausgeübt: Kinder ziehen mit einem Bild von Maria und Josef durch das Dorf. Sie tragen das Bild von Tür zu Tür und bitten die Bewohner, es für einen Tag als „Gast" in ihrem Haus aufzunehmen.

Hast du eine Idee, woran dieser Brauch erinnern soll?

 Lest gemeinsam in der Weihnachtsgeschichte (Lukas-Evangelium, Kapitel 2, Verse 1–21) nach und sucht die entsprechende Stelle.

 Schreibe in deine Mappe, was du von diesem Adventsbrauch hältst.

Überlegt gemeinsam: Welche Ausreden haben die Herbergsbesitzer vielleicht gehabt? Wie haben sich Maria und Josef bei ihrer vergeblichen Suche wohl gefühlt?
Überlegt, welche Menschen heutzutage keine Heimat haben und nirgendwo willkommen sind.

 Notiere in Stichpunkten die Ergebnisse eurer gemeinsamen Überlegungen.

Vorsicht, Kuss!

Hast du schon einmal einen Mistelzweig über einer Tür hängen gesehen? Diese Pflanze galt schon bei den Römern als Zeichen für Leben und Überleben, weil sie im Winter ihre grünen Blätter behält. In England glaubt man daran, dass die Mistel Glück bringt, wenn man geküsst wird, während man unter dem Zweig steht.

Misteln sind schmarotzende Pflanzen.
Was bedeutet das?

Suche in einem Lexikon, einem Pflanzenbuch oder im Internet nach Informationen über die Mistel und schreibe sie unten auf. Fertige auch eine Zeichnung dieser Pflanze an:

Die Mistel:

_____
_____
_____
_____
_____
_____

_____
_____
_____
_____

Stille Zeit?

 Lies das Gedicht.

Vorweihnachtstrubel

1) Grüner Kranz mit roten Schleifen,
   Lichterglanz in allen Herzen,
   Weihnachtslieder, Plätzchenduft,
   Zimt und Sterne in der Luft.
   Garten trägt sein Winterkleid,
   wer hat noch für Kinder Zeit?

2) Leute packen, basteln, laufen,
   grübeln, suchen, rennen, kaufen,
   kochen, backen, braten, waschen,
   rätseln, wispern, flüstern, naschen,
   schreiben Briefe, Wünsche, Karten,
   was sie auch von dir erwarten.

3) Doch wozu denn hetzen, eilen,
   schöner ist es zu verweilen
   und vor allem dran zu denken,
   sich ein Päckchen „Zeit" zu schenken.
   Und bitte lasst noch etwas Raum
   für das Christkind unterm Baum!!!

(Ursel Scheffler)

Eigentlich sollte der Advent eine ruhige, besinnliche Zeit sein, doch oft sind die Menschen in den Wochen vor Weihnachten besonders gehetzt und gestresst.
Wie erlebst du den Advent?
Welche dieser Aufgaben treffen auch auf deine Familie zu?
Was davon machst du gerne – und wovor „drückst" du dich am liebsten?
Von wem wünschst du dir mehr Zeit, und wie würdest du sie gern nutzen?
Wem könntest du ein kleines Päckchen deiner Zeit schenken?

 Gestalte einen Gutschein für eine Person deiner Wahl, der du Zeit schenken möchtest.

Verzauberte Pflanzen

 Kennst du die „Rose von Jericho"?

Diese ungewöhnliche Pflanze begeistert die Menschen
schon seit über 2000 Jahren. Sie stammt aus den Wüstengebieten
Jordaniens und Israels.

Weil man sie so oft zum Leben erwecken kann,
wie man möchte, wird sie auch „Auferstehungspflanze" genannt.
Beduinenfrauen weichen sie ein und trinken danach das Wasser,
weil sie glauben, dass es Krankheiten heilt.

In deutschen Bauernfamilien wurde sie über mehrere Generationen
weiter vererbt, weil sie Glück und Segen bringen sollte.

Meistens lässt man sie zu Ostern oder Weihnachten aufblühen,
so dass sie gerade jetzt im Advent oft in Läden angeboten wird.

 **Möchtest du auch aus der leblosen Knolle
eine schöne grüne Pflanze zaubern?**

So geht's:

Wenn ihr die Pflanze zum Blühen bringen wollt,
müsst ihr sie in ein flaches Gefäß mit Wasser legen.
Achtet darauf, dass die Wurzeln am unteren Teil im Wasser stehen.
Nach ungefähr acht Stunden wird aus der hässlichen Knolle eine
schöne grüne Pflanze.

Ihr könnt sie eine Woche lang im Wasser liegen lassen.
Manche Menschen verstecken ein kleines Geschenk
(z.B. einen Ring) in der Knolle, das nach dem Wässern
sichtbar wird.

Adventsrätsel

Schreibe jeweils das richtige Wort in die Kästchen.

„Advent" bedeutet übersetzt ⎯⎯⎯⎯⎯ ▢▢▢▢▢▢▢

Am 4. Dezember ist ⎯⎯⎯⎯⎯ ▢▢▢▢▢▢▢▢▢

Am 6. Dezember kommt der ⎯⎯⎯⎯⎯ ▢▢▢▢▢▢▢▢

Am 13. Dezember feiert man das ⎯⎯⎯⎯⎯ ▢▢▢▢▢▢▢▢

Darunter wird geküsst ⎯⎯⎯⎯⎯ ▢▢▢▢▢▢▢▢▢

Eine Zauberblume ⎯⎯⎯⎯⎯ ▢▢▢▢▢ ▢▢▢

▢▢▢▢▢▢▢▢

Maria und Josef fanden keine ⎯⎯⎯⎯⎯ ▢▢▢▢▢▢

Viele Kinder schreiben einen ⎯⎯⎯⎯⎯ ▢▢▢▢▢▢▢▢▢▢

Sie wünschen sich viele ⎯⎯⎯⎯⎯ ▢▢▢▢▢▢▢▢

Davon wird im Advent viel gegessen ⎯⎯⎯⎯⎯ ▢▢▢▢▢▢▢▢

Er kommt gefüllt in den Ofen ⎯⎯⎯⎯⎯ ▢▢▢▢▢▢▢

Am 24. Dezember ist ⎯⎯⎯⎯⎯ ▢▢▢▢▢▢▢

An diesem Tag feiern Christen die Geburt von ⎯⎯⎯⎯⎯ ▢▢▢▢▢

Er hat viele Nadeln ⎯⎯⎯⎯⎯ ▢▢▢▢▢▢▢▢ —

▢▢▢▢

Zeit-Rechnen

Wann beginnt der Advent?
Wie dein Geburtstag ist auch Weihnachten jedes Jahr
an einem anderen Wochentag. Deshalb beginnt auch
die Adventszeit jedes Jahr an einem anderen Tag.

Es gibt eine einfache Regel: Der letzte Sonntag
vor Heiligabend (24. Dezember) ist immer der vierte Advent.

 Rechne die Aufgaben und schreibe die Ergebnisse in deine Mappe.

a) Kannst du ausrechnen, an welchem Datum der dritte, zweite und der erste Advent gefeiert werden, wenn der vierte Advent der 18.12. ist?

b) An welchem Wochentag ist Heiligabend, wenn am 1. Dezember die erste Adventskerze angezündet wird?

c) Auf welche vier Wochentage muss Heiligabend fallen, damit der erste Advent schon im November beginnt?

d) An welchem Tag ist Heiligabend, wenn die zweite Kerze am 9. Dezember angezündet wird?

e) Welches ist der früheste Termin für den ersten Advent?

f) Am wievielten Dezember wird die dritte Kerze angezündet, wenn der Heiligabend auf einen Dienstag fällt?

Kalender-Rechnen

 Lies die Rechenaufgaben und schreibe die Antworten in deine Mappe.

Ein Adventskalender besteht aus 24 Schachteln. In der ersten Schachtel liegt ein Bonbon, in der zweiten Schachtel liegen 2 Bonbons und so weiter.

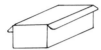 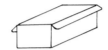

 Wie viele Bonbons hast du am Nikolaustag, also am 6. Dezember zusammen?

Natürlich kannst du so rechnen:

$$1 + 2 + 3 + 4 + 5 + 6 + = ?$$

Aber es gibt auch eine schnellere und einfachere Methode, diese Aufgabe zu lösen:
Addiere die erste und die letzte Zahl, die zweite und die vorletzte Zahl, die dritte und die drittletzte Zahl … und so weiter.

 Wie viele Paare kannst du auf diese Weise bilden?

 Wie lautet das Ergebnis jedes Pärchens?

 Welches Zeichen musst du zwischen die beiden Zahlen setzen, um ganz schnell zum Endergebnis zu kommen?

 Wende diesen Trick auch für den ganzen Adventskalender an. Wieviele Bonbons hast du, wenn du alle 24 Schachteln geöffnet hast?

Advents-Kartei: „Hinter verzauberten Fenstern"

Advents-Rechnen

 Schreibe die Ergebnisse in deine Mappe.

a) Lilli hat 6 Cousinen. Sie möchte jeder Cousine ein Weihnachtsgeschenk im Wert von 3,50 Euro kaufen. Sie hat schon 16,50 Euro gespart.

Wie viel muss sie noch sparen, um alle Cousinen beschenken zu können?

b) Die Eltern von Max, Paul und Lukas sind sehr ungerecht. Sie kaufen für 140 Euro Weihnachtsgeschenke, wobei das Geschenk für Paul doppelt so teuer ist wie das von Max, aber nur halb so teuer wie das Geschenk für Lukas.

Wie viel Euro haben sie für Lukas ausgegeben?

c) Onkel Fritz wiegt 86 kg und 100 g. Am 1. Weihnachtstag isst er 3 Gänsekeulen zu je 180 g, 4 Knödel zu je 40 g und 300 g Rotkohl. Danach nascht er noch 20 Dominosteine zu je 10 g, 2 Lebkuchenhäuser zu je 400 g und 13 Schokotaler.

Wie viel Gramm wiegt ein Schokotaler, wenn Onkel Fritz nach der Feier 88 kg und 165 g auf die Waage bringt?

d) Aus 400 g Mandeln, 200 g Schokolade und 150 g Puderzucker stellt Lisa 100 Mandelsplitter her.

Wie viel Gramm wiegen die 2 Mandelsplitter, die ihr Bruder heimlich vom Blech wegnimmt?

Advents-Kartei: „Hinter verzauberten Fenstern"

Heinzelmann-Kette (1/2)

Julia und Olli haben die Heinzelmänner Bill, Bob, Barney und Bert in ihr Herz geschlossen. Geht es dir auch so? Die Kleidung der vier erinnert ein wenig an Weihnachtsmänner.

 Bastelt eine Heinzelmann-Kette für euren Klassenraum.

Das brauchst du:
- Stifte, Schere, Kleber
- Tonpapier (rosa, weiß, schwarz und eine Farbe für den Mantel, z.B. rot)
- einen Locher
- evtl. rote Perlen

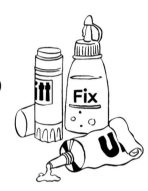

So geht's:
1. Schneide die einzelnen Körperteile des Heinzelmannes (S. 59) aus.
2. Lege die Teile auf Tonpapier und umrande sie vorsichtig.
3. Schneide sie anschließend sorgfältig aus.
4. Klebe die Teile in dieser Reihenfolge auf den Körper des Heinzelmannes: Mütze, Gesicht, Bart.
5. Zum Schluss klebe die Hände und Schuhe hinter den Körper.
6. Loche farbiges Papier und benutze das Konfetti als Mantelknöpfe und Mützenbommel.
7. Für die Nase kannst du rotes Konfetti aufkleben oder eine rote Perle aufkleben.

Jeder von euch bastelt mindestens einen Bill, Bob, Barney oder Bert. Danach klebt ihr eure bunten Heinzelmänner an den Händen zusammen, so dass eine lange Kette entsteht. Ihr könnt eure BBBB-Kette ins Fenster oder an die Wand hängen.

Oder habt ihr so fleißig gebastelt, dass ihr die Kette von einer Wand zur nächsten quer durch den Raum spannen könnt?

Advents-Kartei: „Hinter verzauberten Fenstern"

Heinzelmann-Kette (2/2)

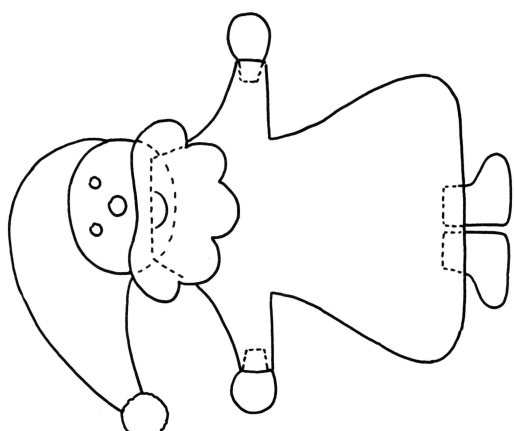

Lösungen

Mitternachtsrechnen (S. 13):
1. a) 21:45:37 Uhr (21:45 Uhr, 37 Sek.)
   b) 22:51:48 Uhr
   c) 22:59:23 Uhr
   d) 21:43:57 Uhr
   e) 22:57:42 Uhr

2. a) 0:22:54 (0 Std., 22 Min., 54 Sek.)
   b) 1:41:41
   c) 0:36:21
   d) 2:01:01
   e) 0:01:46

Auf unserer Welt (S. 16):
1) Nordamerika 2) Südamerika 3) Europa
4) Afrika 5) Asien 6) Australien

Elfenfest (S. 20):
Girlanden, Kerzen, Gaeste, Lampions, Spass, Gute Laune, Kuchen, Lachen, Musik, Freunde, Ballons, Hut, Eis, Torte, Spiele

Unverschämtheit! (S. 24):
Zuckerringe, Zimtsterne, Krokantkugeln, Lebkuchen, Vanillekipferl, Marzipankartoffeln, Dominosteine

Hatschi! (S. 32):
Abenteuer

Erinnerst du dich? (S. 35):
a) Julia, b) Jakobus Jammernich,
c) Leo, d) Rosalinde, e) Melissa,
f) Harry, g) Olli, h) Riesig,
i) Barney, j) Cornelia
Lösung: ERSTERADVENT

Vergleichsweise (S. 36):
A5/ B15/ C2/ D3/ E4/ F9/ G8/ H13/ I14/ J6/ K10/ L1/ M11/ N7/ O16/ P12

Wir feiern den Advent! (S. 37):
Die *vier* Wochen vor Weihnachten nennt man *Advent*. Dieses Wort kommt aus dem *Lateinischen* und bedeutet übersetzt *Ankunft*. Die Christen auf der ganzen Welt bereiten sich in dieser Zeit auf die *Geburt* von *Jesus Christus* vor, die am *24. Dezember* gefeiert wird. Sie *schmücken* ihre Häuser mit *Tannengrün*, *Sternen* und *Lichtern*. Die meisten Menschen haben einen *Adventskranz* mit vier *Kerzen*. Jeden *Sonntag* wird eine Kerze *angezündet*. Kinder bekommen oft einen *Adventskranz* mit 24 *Türchen* oder *Päckchen*. Es wird *gebastelt*, *gebacken* und *gesungen*.

Wünsche (S. 39):
Bilderbogen, Brennglas, Domino, Farbe, Festung, Flechtemappe, Geschirr, Goldschalen, Helm mit Federn, Kaleidoskop, Kanonen, Kasperletheater, Laterne, Lottospiel, Märchenbücher, Marzipan, Papier, Perspektiv, Pinselstiel, Rüstung, Schaukelpferd, Schlitten, Schlittschuh', Schokoladenkränze, Schwert, Soldaten, Silberschalen, Tannenbaum, Tiere aus Holz und Pappe, Wagen, Zelt, Zuckerschaum, Zootrop

Der Bratapfel (S. 41):
APFEL, DECKEL, NÜSSEN, ROSINEN, HONIG, MARMELADE, MANDELN, MARZIPAN, BUTTER, ZIMT, MINUTEN, GUTEN APPETIT

Advents-Quiz (S. 45):
Lösung: weihnachtlich

Adventsrätsel (S. 55):
Ankunft, Barbaratag, Nikolaus, Luciafest, Mistelzweig, Rose von Jericho, Herberge, Wunschzettel, Geschenke, Schokolade, Bratapfel, Heiligabend, Jesus, Weihnachtsbaum

Zeit-Rechnen (S. 56):
a) 27.11., 4.12., 11.12. b) Dienstag,
c) Mittwoch, Donnerstag, Freitag, Samstag,
d) Montag, e) 27. November, f) 15. Dezember

Kalender-Rechnen (S. 57):
1) 21
2) 3
3) 7
4) „·" (Multiplikation)
5) 300

Advents-Rechnen (S. 58):
a) 4,50 €
b) 80 €
c) 5 g
d) 15 g

Literatur und Internet

Rund ums Weihnachtsfest

Breuer, Judith; Breuer, Rita:
**Weihnachten so schön wie früher –
Alter Baumschmuck zum Selberbasteln.**
Klasse 1–7. Verlag an der Ruhr, 2000.
ISBN 3-86072-585-8

Breuer, Judith; Breuer, Rita:
**Weihnachten so schön wie früher –
Alte Zimmerdekoration zum Selberbasteln.**
Klasse 2–10. Verlag an der Ruhr, 2000.
ISBN 3-86072-586-6

Mackay, Francis:
Tolle Ideen: Weihnachten für alle Fächer.
Klasse 1–6. Verlag an der Ruhr, 1995.
ISBN 3-86072-223-9

Moll, Brigitte; Rösgen, Anja; Willmeroth, Sabine:
Die Weihnachts-Werkstatt.
Klasse 2–4. Verlag an der Ruhr, 1999.
ISBN 3-86072-469-X

Schneider-Stotzer, Franziska:
Von Advent, Weihnachten und Dreikönigsfest.
Rex Verlag, 2001. ISBN 3-7252-0707-0

Budde, Pit; Kronfli, Josephine:
Santa, Sinter, Joulupukki.
Ökotopia Verlag, 2002. ISBN 3-936286-04-3

Funke, Cornelia:
Als der Weihnachtsmann vom Himmel fiel.
Dressler Verlag, 2001. ISBN 3-7915-0461-4

Sauerhöfer, Ulrike (Hrsg.):
Noch 24 Geschichten bis Weihnachten.
Esslinger Verlag, 2002. ISBN 3-480-21799-0

Scheffler, Ursel:
Adventskalender-Geschichten.
Kerle Verlag, 2001. ISBN 3-451-70327-0

Scheffler, Ursel:
Es duftet schon nach Weihnachtsmarkt.
Kerle Verlag, 2002. ISBN 3-451-70425-0

Weihnachtslieder-CDs

Kallauch, Daniel:
Auf die Plätzchen – fertig – los.
Kiddinx Verlag, 2000.

Budde, Pit; Kronfli, Josephine:
Santa, Sinter, Joulupukki.
Ökotopia Verlag, 2002.
ISBN 3-936286-05-1

Internet-Links

- **www.blinde-kuh.de**
  Suchmaschine für Kinder.

- **www.zzzebra.de**
  Web-Magazin für Kinder mit Spielen, Tipps und Tricks aus verschiedenen Lebensbereichen.

- **www.weihnachtsmanndorf.de**
  Eine Weihnachtsseite für Kinder mit Online-Adventskalender, Wunschzettel und einem Weihnachtsmann, der unzählige Kinderfragen beantwortet.

- **www.weihnachtsstadt.de**
  Von Brauchtum über Weihnachtsmärkte bis hin zu Rezepten: Hier finden Sie alles zum Thema Weihnachten.

- **www.verlagruhr.de**
  Da sich Internetadressen schnell verändern können, finden Sie auf unserer Homepage unter dem Titel „Literatur-Kartei: Hinter verzauberten Fenstern" eine stets aktualisierte Linkliste aller Internetadressen aus dieser Mappe.

Verlag an der Ruhr — *Jetzt versteh' ich das!*

Vom Morgenkreis zum Abschiedslied
Themen- und Methodenübergänge ohne Chaos
5–10 J., 117 S., 16 x 23 cm, Pb.
ISBN 3-86072-968-3
Best.-Nr. 2968
13,50 € (D)/13,90 € (A)/23,60 CHF

Orientierung ohne Worte
Bildkarten für Stundenplan und Tagesablauf
Kl. 1–4, 46 S., A5 quer,
ISBN 3-86072-956-X
Best.-Nr. 2956
16,50 € (D)/17,– € (A)/28,90 CHF

55 Fünf-Minuten-Matheübungen
Kl. 1–4, 65 S., A5, Pb.
ISBN 3-86072-940-3
Best.-Nr. 2940
8,– € (D)/8,25 € (A)/14,30 CHF

Abenteuerliche Mathegeschichten – Klasse 4

Paket: Abenteuerliche Mathegeschichten – Klasse 4
Kl. 4, 4 Hefte, A5, je Heft 34 S.
ISBN 3-86072-951-9
Best.-Nr. 2951
13,30 € (D)/13,70 € (A)/23,30 CHF

Im Land der Hexen und Kobolde
ISBN 3-86072-949-7
Best.-Nr. 2949
3,60 € (D)/3,70 € (A)/6,50 CHF

Die verlassene Insel
ISBN 3-86072-947-0
Best.-Nr. 2947
3,60 € (D)/3,70 € (A)/6,50 CHF

Ein merkwürdiger Flug
ISBN 3-86072-948-9
Best.-Nr. 2948
3,60 € (D)/3,70 € (A)/6,50 CHF

Reise ins Mittelalter
ISBN 3-86072-950-0
Best.-Nr. 2950
3,60 € (D)/3,70 € (A)/6,50 CHF

Mehr unter www.verlagruhr.de

Viel zu tun rund ums Huhn
Eine Werkstatt. Mit Extrateil Ostern
Kl. 1–4, 68 S., A4, Papph.
ISBN 3-86072-967-5
Best.-Nr. 2967
18,50 € (D)/19,– € (A)/32,40 CHF

Die Bauernhof-Werkstatt
Arbeiten mit den Jahreszeiten
Kl. 1–2, 75 S., A4, Papph.
ISBN 3-86072-898-9
Best.-Nr. 2898
19,50 € (D)/20,– € (A)/34,20 CHF

Bayern
Eine Werkstatt
Kl. 3–4, 69 S., A4, Papph.
ISBN 3-86072-895-4
Best.-Nr. 2895
19,50 € (D)/20,– € (A)/34,20 CHF

Das Ruhrgebiet
Eine Werkstatt
Kl. 3–5, 69 S., A4, Papph.
ISBN 3-86072-897-0
Best.-Nr. 2897
19,50 € (D)/20,– € (A)/34,20 CHF

Leben und Kunst in der Steinzeit
Eine Werkstatt
Kl. 3–4, 60 S., A4, Papph.
ISBN 3-86072-929-2
Best.-Nr. 2929
18,– € (D)/18,50 € (A)/31,50 CHF

Schwungübungen mit Punkt-Mandalas
6–8 J., 40 S., A4, Heft
ISBN 3-86072-960-8
Best.-Nr. 2960
13,– € (D)/13,40 € (A)/22,80 CHF

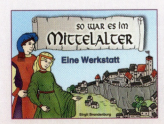

So war es im Mittelalter
Eine Werkstatt
Kl. 3–4, 71 S., A4, Papph.
ISBN 3-86072-843-1
Best.-Nr. 2843
19,50 € (D)/20,– € (A)/34,20 CHF

Informationen und Beispielseiten unter www.verlagruhr.de
Verlag an der Ruhr • Postfach 10 22 51
45472 Mülheim an der Ruhr • Tel.: 0208/49 50 40

Jetzt versteh' ich das!

Verlag an der Ruhr

Literatur-Werkstatt:
„Die kleine Raupe Nimmersatt"
Kl. 1–2, 55 S., A4, Papph.
ISBN 3-86072-955-1
Best.-Nr. 2955
17,– € (D)/
17,50 € (A)/29,80 CHF

Literatur-Werkstatt:
„Freunde"
Kl. 1–2, 50 S., A4, Papph.
ISBN 3-86072-907-1
Best.-Nr. 2907
17,– € (D)/
17,50 € (A)/29,80 CHF

Literatur-Kartei:
„Der überaus starke Willibald"
Kl. 3–4, 66 S., A4, Papph.
ISBN 3-86072-905-5
Best.-Nr. 2905
18,50 € (D)/19,– € (A)/32,40 CHF

Das Portfolio-Buch für Kindergarten und Grundschule
4–10 J., 139 S., A4, Pb.
ISBN 3-86072-943-8
Best.-Nr. 2943
19,50 € (D)/20,– € (A)/34,20 CHF

Mus-e Edition –
Künstler für Kinder
Das bin ich!
Bildnerisches Gestalten mit Kindern
6–10 J., 100 S., 19,6 x 29,7 cm, Pb., vierfarbig
ISBN 3-86072-942-X
Best.-Nr. 2942
19,50 € (D)/20,– € (A)/34,20 CHF

Mus-e Edition –
Künstler für Kinder
So seh ich das!
Bildnerisches Gestalten mit Kindern
6–10 J., 100 S., 19,6 x 29,7 cm, Pb., vierfarbig
ISBN 3-86072-965-9
Best.-Nr. 2965
19,50 € (D)/20,– € (A)/34,20 CHF

Sport und Spiel mit Alltagsmaterial
630 Trainingsideen für Gruppe, Freizeit und Schule
Für alle Altersstufen, 280 S., 16 x 23 cm, Pb.
ISBN 3-86072-987-X
Best.-Nr. 2987
18,– € (D)/18,50 € (A)/31,50 CHF

Schön präsentieren mit Mini-Büchern
30 Gestaltungsideen für Arbeitsergebnisse
Kl. 1–4, 62 S., A4, Pb. (mit vierf. Abb.)
ISBN 3-86072-887-3
Best.-Nr. 2887
18,– € (D)/18,50 € (A)/31,50 CHF

Symbole im Religionsunterricht
Licht und Lichtblicke
Kl. 2–4, 64 S., A4, Papph.
ISBN 3-86072-903-9
Best.-Nr. 2903
18,60 € (D)/19,15 € (A)/32,60 CHF

Kinder verstehen Gleichnisse
Ein handlungsorientierter Zugang
Kl. 3–4, 63 S., A4, Papph.
ISBN 3-86072-904-7
Best.-Nr. 2904
18,60 € (D)/19,15 € (A)/32,60 CHF

Wasserspielspaß
Spielen am, im und mit Wasser
3–10 J., 137 S., 16 x 23 cm, Pb.
ISBN 3-86072-795-8
Best.-Nr. 2795
12,80 € (D)/13,15 € (A)/22,40 CHF

Hauen ist doof
160 Spiele gegen Aggression in Kindergruppen
3–9 J., 200 S., 16 x 23 cm, Pb.
ISBN 3-86072-953-5
Best.-Nr. 2953
16,– € (D)/16,45 € (A)/28,– CHF

Informationen und Beispielseiten unter www.verlagruhr.de
Verlag an der Ruhr • Postfach 10 22 51
45472 Mülheim an der Ruhr • Tel.: 0208/49 50 40